CURRYS

Spicy One-Pot-Wonders

Autorin: Inga Pfannebecker | Fotos: Jana Liebenstein

INHALT

TIPPS UND EXTRAS

8   CURRYS MIT FLEISCH

26 CURRYS MIT FISCH UND MEERESFRÜCHTEN

COVER-
REZEPT

38 VEGGIE-CURRYS

🌿 Das grüne Blatt bei den Rezepten heißt tierfreier Genuss: Mit diesem Symbol sind alle veganen Gerichte gekennzeichnet.

CURRYS – AROMATISCHE VERFÜHRER

Erfahren Sie, wie Sie auch zu Hause das Aroma der weiten Welt in Ihren Topf bekommen. Das Geheimnis: hochwertige Zutaten und ein bisschen Küchen-Know-how.

sie immer eine würzige Sauce verbindet, die aber nicht in jedem Fall scharf sein muss.

REGIONALE UNTERSCHIEDE

Während indische und pakistanische Currys meist mit einer feuchten Würzpaste auf Basis von Zwiebeln, Knoblauch, Ingwer und einer trockenen Gewürzmischung aus vielen Gewürzen zubereitet werden, sind für thailändische Currys Würzpasten typisch, die durch Zitronengras und Kaffirlimette eine frische Note erhalten. Am bekanntesten sind die scharfen roten und grünen Currypasten. Charakteristisch für Thai-Currys ist auch die Verwendung von Kokosmilch, Galgant, Fischsauce oder Garnelenpaste. Würzpasten für indonesische Currys bestehen meist aus Schalotten, Galgant, Knoblauch und reichlich Chili. Sri Lanka ist bekannt für aromatische Fischcurrys und oft leicht süßlich abgeschmeckte Fleisch- oder Gemüse-Currys. Vietnamesische Currys haben durch die verwendeten Gewürze einen leicht chinesischen Einschlag und werden traditionell nicht mit Reis, sondern mit Baguette serviert – eine Gewohnheit aus der Zeit als französische Kolonie. In der Karibik haben Currys oft eine fruchtige Note und in England wird z. B. statt Kokosmilch oft Schlagsahne verwendet.

Der Begriff Curry stammt vom tamilischen Wort »kari« ab, was Sauce bedeutet. Er umschreibt ragoutartige Eintopfgerichte, die ihren Ursprung in Indien haben und sich von dort aus in Jahrtausenden weltweit verbreitet haben. Indische Einwanderer haben ihre Currys etwa auch in die Karibik gebracht, nach Südafrika und Kenia, nach Japan und nach Großbritannien, wo sie mit den dort heimischen Zutaten und Gewohnheiten ihren eigenen Charakter entwickelt haben. Egal welche Grundzutaten ein Curry enthält – charakteristisch ist, dass

DIE KUNST DES CURRYKOCHENS

Grundgerüst für alle Currys sind die Gewürze und Würzzutaten. Sie vorzubereiten ist der größte Aufwand beim Currykochen. Ist aber erst einmal alles im Topf, köchelt das Curry fast von alleine vor sich hin. Stellen Sie sich zu Beginn alle Zutaten bereit. Mischen Sie, was zusammen angeröstet wird, pürieren Sie Zutaten für Würzpasten und messen Sie Flüssigkeiten ab. Denn beim Rösten von Gewürzen entscheiden oft Sekunden darüber, ob das Aroma noch schön würzig oder schon leicht verbrannt und bitter ist. Der Röstvorgang sollte deshalb durch die Zugabe anderer Zutaten zum richtigen Zeitpunkt gestoppt werden. Da die Gewürze so ein wichtiger Bestandteil der Currys sind, sollten Sie beim Einkaufen auf gute Qualität achten. Kaufen Sie besser nur kleine Mengen und lagern Sie sie gut verschlossen in einer Dose oder einem Glas an einem dunklen, kühlen Ort. So bleiben die ätherischen Öle und damit das Aroma lange erhalten. Bei fertig gemahlenen Gewürzen verflüchtigt sich das Aroma schneller als bei ganzen Gewürzen. Sie werden erst kurz vor der Verwendung frisch gemahlen und schmecken so intensiv, dass Sie eventuell etwas weniger davon brauchen.

HEISSE MISCHUNGEN

Hitze befreit die ätherischen Öle und kitzelt aus Gewürzen den vollen Geschmack heraus. Dabei gibt es zwei Methoden: Beim trockenen Anrösten werden die Gewürze ohne Fett so lange geröstet, bis sie anfangen zu duften oder – wie z. B. Senfsamen – zu springen. Diese Methode wird z. B. angewandt, um Gewürzmischungen herzustellen. Da gemahlene Gewürze schnell verbrennen, werden meist ganze Gewürze angeröstet und hinterher zerkleinert – im Mörser, Blitzhacker oder in einer elektrischen Kaffeemühle. Beim Anbraten in Fett werden die Gewürze dagegen in heißes Öl oder Ghee gegeben. So gehen die fettlöslichen Aromastoffe ins Fett über. Diese Methode wird zu Beginn des Currykochens angewendet oder kommt erst am Ende zum Einsatz um »Tarka« herzustellen. Ein Würzöl, das über das fertige Gericht gegeben wird. Bei thailändischen oder indonesischen Currys wird die Würzpaste ebenfalls in Fett angebraten. Dabei ständig rühren, sonst verbrennt die Paste schnell.

BASIS-CURRYMISCHUNG

Stellen Sie sich Ihr eigenes Würzwunder zusammen: Nacheinander 3 TL Koriander- und 2 TL Kreuzkümmelsamen, je 1 TL braune Senfsamen und Bockshornkleesamen, 2 Nelken und 10 getrocknete Curryblätter anrösten, bis sie duften. Alles mischen und fein mahlen. 2 EL Kurkuma- und 1 TL Chilipulver untermischen. Experimentieren Sie dabei ruhig ein bisschen, vielleicht mehr Chili, noch ein Hauch Zimt oder weniger Bockshornklee? Das Pulver in einem Schraubglas kühl und dunkel lagern, so hält es sich monatelang.

INDISCHE CURRYPASTE

4 Zwiebeln (350 g) | 30 g Ingwer | 3–4 Knoblauchzehen | 2–3 grüne Chilischoten | 4 TL gemahlener Koriander | ½ TL gemahlener Kreuzkümmel | ½ TL Garam Masala | 6 Tomaten | 2 EL Öl | 2–3 Lorbeer-blätter | 1 TL Salz | ½ TL Kurkumapulver | 1 EL Butterschmalz oder Ghee

Für 350 g | 25 Min. Zubereitung | Pro Portion (bei 8 Portionen) ca. 55 kcal, 1 g E, 4 g F, 4 g KH

1 Zwiebeln, Ingwer und Knob-lauch schälen. Chilischoten hal-bieren, nach Belieben entkernen, waschen. Alles grob zerkleinern und mit 3 EL Wasser pürieren.

2 Koriander, Kreuzkümmel und Garam Masala mischen, zur Seite stellen. Tomaten waschen und in kleine Würfel schneiden.

3 Öl erhitzen. Die Paste darin kurz anbraten. Lorbeerblatt, Salz, Kurkuma und Ghee zugeben und rösten, bis sich das Fett abtrennt.

4 Die Tomaten zugeben und un-ter Rühren köcheln lassen, bis die Tomaten zerfallen und alle Flüs-sigkeit verkocht ist.

5 Den Gewürzmix unterrühren. Die Paste in Schraubgläser füllen und abkühlen lassen. Im Kühl-schrank hält sie sich 1 Woche.

TIPP

Bestimmen Sie selbst, wie scharf Ihre Curry-paste wird: Verwenden Sie die Chilis mit Ker-nen, wird sie schärfer. Richtig »hot« wird es mit 1–2 EL Chilipulver extra. Die Paste schmeckt aber auch ganz mild mit weniger oder ganz ohne Chili.

ROTE THAI-CURRYPASTE

5 rote Thai-Chilischoten | 4 Schalotten | 5 Knoblauchzehen | 1 Stück Galgant (2 cm lang) | 1 Stange Zitronengras | 3 Kaffirlimettenblätter | 1 Bund Koriandergrün mit Wurzeln | 1 geh. TL Garnelenpaste | 2 EL Öl | ½ TL gem. Kreuzkümmel | ½ TL gem. Koriander | 2 TL edelsüßes Paprikapulver
Für 180 g | 20 Min. Zubereitung | Pro Portion (bei 12 Portionen) ca. 25 kcal, 0 g E, 2 g F, 1 g KH

1 Die Chilischoten halbieren, nach Belieben entkernen und waschen. Die Schalotten, den Knoblauch und den Galgant schälen. Alles grob zerkleinern.

2 Das Zitronengras putzen, äußere Schichten entfernen und unteres Drittel fein schneiden. Die Kaffirlimettenblätter in feine Streifen schneiden.

3 Den Koriander waschen und trocken schütteln. Die Blätter samt feinen Stielen hacken, die Wurzeln putzen und hacken.

4 Alle Zutaten mit der Garnelenpaste und dem Öl im Blitzhacker zu einer Paste verarbeiten. Die Gewürze untermischen.

5 In ein Schraubglas füllen. Die Paste hält sich im Kühlschrank 5 Tage, mit etwas Öl bedeckt bis zu 10 Tage.

VARIANTE

Für Grüne Currypaste aus 5–6 grünen Thai-Chilis, 120 g Schalotten, 4 Knoblauchzehen, je 2 cm Galgant und Ingwer, 2 Stangen Zitronengras, 4 Kaffirlimettenblättern, 2 Bund Koriander, 1 TL Garnelenpaste, 2 EL Öl, ½ TL gemahlenem Kreuzkümmel und 1 TL gemahlenem Koriander eine Paste zubereiten.

CURRYS MIT FLEISCH

Gewürzsatt, feurig-scharf oder cremig und mild: Hier ist für jeden Geschmack etwas dabei. Klassiker wie das indische Lammcurry Rogan Josh oder ein Massaman-Curry aus Thailand sind dabei genau so zu finden wie Neuentdeckungen, etwa ein fruchtig-raffiniertes Hähnchencurry aus der Karibik oder ein würzig-indonesisches Rendang.

CHICKEN TIKKA MASALA

Das Besondere bei diesem anglo-indischen Klassiker: Das Fleisch wird erst mariniert und im Ofen gebacken, bevor es sich mit der herrlich aromatischen Sauce zum Hochgenuss vereint.

Für das Fleisch:
3 Knoblauchzehen
1 Stück Ingwer (ca. 1,5 cm)
150 g Joghurt
Saft von 1 Zitrone
1 EL Öl
1 TL Salz
1 EL gemahlener Kreuzkümmel
1 EL Garam Masala
1 EL scharfes geräuchertes Paprikapulver
750 g Hähnchenbrustfilet
Für die Sauce:
2 kleine Zwiebeln
2 EL Ghee (ersatzweise Butterschmalz)
6 grüne Kardamomkapseln
½ TL Zimt
1 TL Kurkumapulver
1 Dose stückige Tomaten (400 g)
Salz
50 g Schlagsahne
2–3 TL flüssiger Honig

Britisches Soulfood

Für 4 Portionen |
1 Std. Zubereitung |
3 Std. Marinieren
Pro Portion 395 kcal,
47 g E, 16 g F, 15 g KH

1 Den Knoblauch und den Ingwer schälen und fein hacken. Den Joghurt mit Knoblauch, Ingwer, Zitronensaft, Öl, Salz und Gewürzen verrühren. Das Fleisch in größere Würfel schneiden und unter die Marinade mischen. Abgedeckt mindestens 3 Std., am besten über Nacht, kalt stellen.

2 Den Backofen auf 200° vorheizen. Das Fleisch samt der Marinade in einer weiten Auflaufform verteilen und im heißen Ofen 30–35 Min. backen.

3 Inzwischen für die Sauce die Zwiebeln schälen und würfeln. Das Fett in einem Topf erhitzen und die Zwiebeln darin in 10 Min. goldbraun andünsten.

4 Inzwischen die Kardamomkapseln mit einem kleinen spitzen Messer aufritzen, Samen herauslösen und im Mörser zerstoßen. Mit den anderen Gewürzen mischen. Gewürze zu den Zwiebeln geben. Tomaten, 300 ml Wasser und 1 TL Salz zugeben, alles aufkochen und 15–20 Min. bei mittlerer Hitze köcheln lassen. Die Sauce pürieren. Sahne unterrühren. Sauce mit Salz und Honig abschmecken. Das gebackene Fleisch samt übriger Marinade unterrühren. Alles weitere 5 Min. sanft köcheln.

TIPP

In Indien werden statt Hähnchenbrustfilets gerne entbeinte Hähnchenschenkel ohne Haut für Currys verwendet. Sie sind kräftiger im Geschmack und geben so dem Gericht noch mehr Aroma. Zudem sind sie preiswerter.

ROTES THAI-CURRY MIT ENTE

2 kleine Entenbrüste mit Haut (à 300 g) | Salz | 2 Auberginen (400 g) | 250 g Champignons | ½ Bund Frühlingszwiebeln | 3–4 Stiele süßes Thai-Basilikum | 1 Dose Kokosmilch (400 g; nicht geschüttelt, gekühlt) | 2–3 EL rote Thai-Currypaste (aus dem Glas oder selbst gemacht; siehe S. 7) | 1 TL brauner Zucker oder Palmzucker | 1 TL Fischsauce

Achtung, scharf!

Für 4 Portionen | 45 Min. Zubereitung
Pro Portion ca. 460 kcal, 32 g E, 33 g F, 7 g KH

1 Die Entenbrüste waschen, trocken tupfen und salzen. Die Haut mit einem scharfen Messer rautenförmig einschneiden. Fleisch mit der Hautseite nach unten in eine Pfanne legen und bei mittlerer Hitze 15 Min. auslassen. Umdrehen und weitere 5–6 Min. braten. Warm halten.

2 Inzwischen die Auberginen waschen, putzen und würfeln. Die Pilze putzen, säubern und halbieren oder vierteln. Die Frühlingszwiebeln waschen und putzen. Den weißen Teil würfeln, den grünen Teil in Ringe schneiden. Basilikum waschen.

3 Von der Kokosmilch 3 EL der festen Creme abnehmen und in einem Topf schmelzen lassen. Die Currypaste darin ca. 3 Min. anbraten, bis sie duftet und das Öl austritt. Zwiebelwürfelchen, Auberginen und Pilze zugeben und kurz anbraten. Restliche Kokosmilch und 400 ml Wasser angießen. Basilikum und 1 TL Salz dazugeben. Alles aufkochen und 10 Min. köcheln lassen.

4 Mit Zucker, Fischsauce und Salz abschmecken. Basilikum aus dem Curry fischen. Fleisch in dünne Scheiben schneiden und kurz im Curry erwärmen. Mit dem Zwiebelgrün bestreuen und servieren.

HÄHNCHEN IN SPINATSAUCE

450 g TK-Blattspinat | 1 große Zwiebel |
3 Knoblauchzehen | 1 Stück Ingwer (ca. 4 cm) |
2 grüne Chilischoten | 600 g Hähnchenfilet |
1–2 EL Ghee (ersatzweise Butterschmalz) |
3 grüne Kardamomkapseln | 1 Zimtstange |
2 TL gemahlener Koriander | 1 TL gemahlener
Kreuzkümmel | Salz | 5 EL griechischer Joghurt
(10 % Fett)

Leicht und würzig

Für 4 Portionen | 55 Min. Zubereitung
Pro Portion ca. 250 kcal, 35 g E, 10 g F, 3 g KH

1 Den Spinat auftauen lassen und pürieren. Die
Zwiebel, den Knoblauch und den Ingwer schälen
und fein würfeln. Die Chilischoten halbieren, nach
Belieben entkernen, waschen und klein schneiden.
Das Hähnchenfleisch waschen, trocken tupfen und
in Würfel schneiden.

2 Das Fett in einem Topf erhitzen. Die Kardamomkapseln im Mörser leicht anstoßen und mit der
Zimtstange kurz darin anbraten. Die Zwiebel zugeben und 5 Min. andünsten, bis sie leicht bräunt.
Die Chilis, den Knoblauch und den Ingwer zugeben
und unter Rühren kurz mitdünsten.

3 Das Fleisch unterrühren und 3–4 Min. braten.
Koriander und Kreuzkümmel unterrühren, mit Salz
würzen. 150 ml Wasser zugeben und alles 5 Min.
köcheln lassen. Den Joghurt nach und nach unterrühren und unter Rühren köcheln, bis alle Flüssigkeit verkocht ist. Den Spinat untermischen und
zugedeckt unter gelegentlichem Rühren 25 Min.
garen. Curry mit Salz abschmecken und servieren.

LAMMBÄLLCHEN-CURRY

Eine runde Sache: Die indischen Hackbällchen ziehen langsam in einer gewürzsatten Currysauce gar und saugen dabei das ganze Aroma der warmen Gewürze in sich auf.

Für die Sauce:
400 g Zwiebeln
1 EL Ghee (ersatzweise Butterschmalz)
3 Knoblauchzehen
1 Stück Ingwer (ca. 5 cm)
3–4 scharfe grüne Chilischoten
2 Tomaten
1 EL Tomatenmark
1 TL Kreuzkümmel
1 TL edelsüßes Paprikapulver
Salz | 2 Zimtstangen
4 schwarze Kardamomkapseln
2 Lorbeerblätter
4 Nelken
10 schwarze Pfefferkörner
Für die Hackbällchen:
2 TL Fenchelsamen
1 Knoblauchzehe
1 Stück Ingwer (2,5 cm)
1 TL gemahlener Koriander
4 EL geschälte Sesamsamen
Salz
500 g Lammhackfleisch

Perfektes Gästeessen

Für 4 Portionen |
1 Std. 30 Min. Zubereitung
Pro Portion ca. 420 kcal,
27 g E, 31 g F, 10 g KH

1 Die Zwiebeln schälen und fein würfeln. Das Fett erhitzen und die Zwiebeln darin in 10 Min. goldbraun andünsten. Inzwischen den Knoblauch und den Ingwer schälen und würfeln. Die Chilischoten halbieren, nach Belieben entkernen, waschen und klein schneiden. Knoblauch, Ingwer und Chilis mit 2–3 EL Wasser pürieren. Die Paste zu den Zwiebeln geben und 5 Min. anbraten.

2 Inzwischen die Tomaten waschen und grob würfeln. Das Tomatenmark zu den Zwiebeln geben und kurz anbraten. Die Tomaten, Kreuzkümmel, Paprikapulver und 1 gehäuften TL Salz zugeben und 650 ml Wasser angießen. Alles aufkochen. Die ganzen Gewürze in ein Tee-Ei oder ein Mulltuch geben und in die Sauce hängen. Bei mittlerer Hitze 20 Min. köcheln lassen.

3 Inzwischen für die Bällchen den Fenchel in einer Pfanne ohne Fett anrösten, bis er duftet, und im Mörser fein zerstoßen. Den Knoblauch und den Ingwer schälen und fein würfeln. Alles mit Koriander, Sesam und 1 gehäuften TL Salz unter das Hackfleisch kneten. Die Masse zu 20 tischtennisballgroßen Bällchen formen.

4 Das Gewürzsäckchen aus der Sauce nehmen. Die Bällchen in die Sauce legen und zugedeckt 45 Min. köcheln lassen. Dabei die Bällchen nach 10 Min. Garzeit wenden. Das Curry mit Salz abschmecken und servieren.

INDONESISCHES RENDANG

1 Sternanis | 600 g Kokosmilch | 4 Schalotten |
2 Knoblauchzehen | 1 Stück Ingwer (ca. 2 cm) |
1 Stück Galgant (ca. 1 cm) | 3–4 rote Chilischo-
ten | 1 TL Kurkumapulver | 2 TL gemahlener Kori-
ander | 2 Msp. Nelkenpulver | 1 TL gemahlener
Kreuzkümmel | 1 EL Öl | 1 Stange Zitronengras |
2 Kaffirlimettenblätter | 600 g Rindfleisch zum
Schmoren (Schulter, Hals oder Gulasch) |
½ TL Tamarindenpaste | 25 g Kokosraspel |
Salz | brauner Zucker

Braucht etwas Zeit

Für 4 Portionen | 30 Min. Zubereitung |
3 Std. 30 Min. Schmoren
Pro Portion ca. 465 kcal, 16 g E, 35 g F, 24 g KH

1 Den Sternanis in 100 g Kokosmilch 10 Min. köcheln lassen, entfernen. Schalotten, Knoblauch,
Ingwer und Galgant schälen und grob würfeln. Die
Chilischoten waschen und grob zerschneiden. Alles zusammen mit den gemahlenen Gewürzen und
Sternanis-Kokosmilch pürieren. Die Paste im heißen Öl 5 Min. anbraten. Zitronengras waschen,
putzen. Das untere Drittel fein schneiden. Kaffirlimettenblätter und restliche Kokosmilch zugeben.
In 10 Min. einkochen lassen.

2 Das Fleisch in Würfel schneiden. Zusammen mit
der Tamarindenpaste in den Topf geben und unterrühren. Aufkochen und zugedeckt 3 Std. 30 Min.
schmoren lassen. 1 Std. vor Garzeitende Deckel abnehmen. Öfter umrühren, bis das Rendang einge-
kocht und ziemlich trocken ist.

3 Inzwischen die Kokosraspel dunkel anrösten
und im Blitzhacker in 5 Min. zu einer Paste mahlen.
Auf einem Teller fest werden lassen. Mit Salz und
Zucker unter das Rendang rühren.

SCHWEINEFLEISCH VINDALOO

1 Zwiebel | 8 Knoblauchzehen | 1 Stück Ingwer (ca. 4 cm) | 8 kleine rote Chilischoten | 2 EL Öl | 2 TL brauner Zucker | 1 EL Kreuzkümmelsamen | ¼ TL Zimt | ½ TL Garam Masala | ½ TL Kurkumapulver | 120 ml Apfelessig | 750 g Schweinefleisch zum Schmoren (Schulter, Ober- oder Unterschale) | 1 TL Salz | Koriandergrün zum Bestreuen

Heißer Goa-Klassiker

Für 4 Portionen | 25 Min. Zubereitung |
1 Std. 30 Min. Schmoren
Pro Portion 280 kcal, 43 g E, 9 g F, 6 g KH

1 Die Zwiebel, den Knoblauch und den Ingwer schälen und fein würfeln. Die Chilischoten halbieren, nach Belieben entkernen, waschen und fein schneiden. Das Öl in einem Topf erhitzen. Die Zwiebel darin unter Rühren 5 Min. andünsten. Mit dem Zucker bestreuen und kurz karamellisieren. Knoblauch, Ingwer und Chilis dazugeben und andünsten. Alle Gewürze zugeben und kurz anbraten. Essig und 200 ml Wasser dazugießen und alles einmal aufkochen lassen.

2 Inzwischen das Fleisch in mundgerechte Würfel schneiden. Mit dem Salz zur Sauce geben, erneut aufkochen, dann zugedeckt bei kleiner Hitze 1 Std. 30 Min. schmoren. Das Curry mit Salz und evtl. noch etwas Zucker abschmecken und mit Koriander bestreut servieren. Dazu schmeckt Reis.

TIPP

Auch weniger scharf schmeckt das Vindaloo köstlich. Reduzieren Sie einfach die Chilimenge oder lassen Sie die Chilis ganz weg und servieren Sie das Curry nach Belieben mit scharfem Chutney oder Chilipaste.

MASSAMAN-CURRY

Ein Geheimtipp aus dem thailändischen Königshaus: Im »Muselmann-Curry« vereinen sich verschiedene Einflüsse aus der persischen und indischen Küche.

75 g Erdnüsse
750 g Rindfleisch zum
Schmoren (Schulter, Hals
oder Gulasch)
450 g Kartoffeln
1 Zwiebel
1 Dose Kokosmilch (400 g; nicht
geschüttelt, gekühlt)
4 EL Massaman-Currypaste
(Fertigprodukt oder selbst
gemacht, siehe Tipp)
4 Kaffirlimettenblätter
1 EL Tamarindenpaste
1 EL brauner Zucker
1 EL Fischsauce
Salz

Aus Thailand

Für 4 Portionen |
25 Min. Zubereitung |
1 Std. 45 Min. Schmoren
Pro Portion ca. 540 kcal,
24 g E, 30 g F, 46 g KH

1 50 g Erdnüsse grob hacken. Das Fleisch in mundgerechte Würfel schneiden. Die Kartoffeln schälen, waschen und in 1–2 cm große Würfel schneiden. Die Zwiebel schälen und fein würfeln.

2 3 EL der festen Kokoscreme abnehmen und in einem Topf schmelzen. Die Currypaste darin unter Rühren anbraten, bis sie duftet und das Öl austritt (Bild 1). Die Zwiebel zugeben und kurz mitdünsten. Das Fleisch, die Kartoffeln und die gehackten Erdnüsse zugeben und gut untermischen (Bild 2).

3 200 ml Wasser angießen, Kaffirlimettenblätter und Tamarindenpaste zugeben und alles aufkochen. Zugedeckt bei kleiner Hitze 1 Std. 45 Min. schmoren. Dabei ab und zu umrühren.

4 Die restlichen Erdnüsse in einer Pfanne ohne Fett goldbraun rösten (Bild 3), herausnehmen und grob hacken. Das Curry mit Zucker, Fischsauce und etwas Salz abschmecken. Mit den Erdnüssen bestreut servieren.

TIPP MASSAMAN-CURRYPASTE

Für 2 Portionen (8 EL) 5 Schalotten, 3 Knoblauchzehen und 2 cm Galgant oder Ingwer schälen und grob würfeln. 2 getrocknete rote Chilischoten grob zerkleinern. 1 Stange Zitronengras putzen und das untere Drittel fein schneiden. Alle vorbereiteten Zutaten im Blitzhacker zu einer Paste mixen. 3 Kardamomkapseln aufritzen, Samen herauslösen und mit 1 TL Kreuzkümmelsamen, 1 EL Korianderkörner, 3 Nelken und ½ TL schwarzen Pfefferkörnern zu Pulver zerstoßen. ½ TL gemahlene Muskatnuss und ¼ TL Zimt untermischen. Gewürze mit 1 TL Garnelenpaste unter die Paste mixen.

FRUCHTIG-GELBES THAI-CURRY

3 Frühlingszwiebeln | 1 Stück Ingwer (ca. 2 cm) |
600 g Schweinefilet | 1 nicht zu reife Mango |
400 g grüne Bohnen (Prinzessbohnen) | Salz |
1 Dose Kokosmilch (400 g; nicht geschüttelt,
gekühlt) | 2–3 EL gelbe Thai-Currypaste |
1–2 TL Fischsauce | 1 TL brauner Zucker |
1 EL Limettensaft

Mango trifft Bohnen

Für 4 Portionen | 35 Min. Zubereitung
Pro Portion ca. 385 kcal, 38 g E, 24 g F, 5 g KH

1 Frühlingszwiebeln putzen und waschen. Den
weißen Teil fein würfeln, den grünen Teil in Ringe
schneiden. Ingwer schälen und fein würfeln.

2 Das Fleisch trocken tupfen und in schmale
Scheiben schneiden. Die Mango schälen, das
Fruchtfleisch vom Stein schneiden und würfeln.

Die Bohnen waschen, putzen, entfädeln und in
Stücke schneiden. In kochendem Salzwasser
12 Min. garen.

3 Inzwischen 3 EL von der festen Kokoscreme abnehmen und in einem Topf erhitzen. Die Currypaste darin anbraten, bis sie duftet und das Öl
austritt. Die Zwiebelwürfel und den Ingwer zugeben und kurz andünsten. Das Fleisch zugeben und
unter Wenden 5 Min. braten. Restliche Kokosmilch
und 200 ml Wasser angießen, aufkochen und alles
bei mittlerer Hitze 20 Min. köcheln lassen.

4 Die Bohnen abgießen und abschrecken. Nach
15 Min. Garzeit die Bohnen und die Mango zum
Curry geben. Das Curry mit Fischsauce, Zucker,
Limettensaft und evtl. etwas Salz abschmecken.
Mit Frühlingszwiebelgrün bestreut servieren.

KARIBISCHES HÄHNCHENCURRY

4 Hähnchen-Unterkeulen (à 150 g) | 1 rote Zwiebel | 2 rote Paprikaschoten | 2 TL Öl | 1 Dose Ananasstücke (260 g Abtropfgewicht) | 3 EL mildes Currypulver | 1 Dose Kokosmilch (400 g) | Salz | Pfeffer | 1 Dose Kidneybohnen (260 g Abtropfgewicht) | 2–4 EL Chilisauce | 4 TL geröstete Kokoschips

Ganz einfach

Für 4 Portionen | 1 Std. Zubereitung
Pro Portion ca. 595 kcal, 41 g E, 32 g F, 36 g KH

1 Die Hähnchenkeulen waschen, trocken tupfen und häuten. Zwiebel schälen und würfeln. Paprika halbieren, weiße Trennwände und Kerne entfernen, die Hälften waschen und in Streifen schneiden.

2 Das Öl in einem Topf erhitzen. Die Keulen darin rundherum kräftig anbraten, herausnehmen. Die Zwiebel und die Paprika im Bratfett 4 Min. braten. Inzwischen die Ananas abgießen, Flüssigkeit auffangen und mit Wasser auf 350 ml auffüllen.

3 Das Currypulver über die Zwiebel-Paprika-Mischung stäuben und kurz anschwitzen. Die Keulen wieder zugeben. Ananaswasser und Kokosmilch zugeben, mit Salz und Pfeffer würzen und aufkochen. Ohne Deckel bei kleiner Hitze 40 Min. köcheln, bis das Fleisch weich und die Sauce etwas angedickt ist.

4 Die Bohnen abgießen, abspülen und abtropfen lassen. Die Keulen aus dem Curry nehmen, das Fleisch vom Knochen lösen, in Stücke schneiden und mit den Bohnen zum Curry geben. Weitere 5 Min. köcheln. Mit Salz, Pfeffer und Chilisauce abschmecken und mit Kokoschips bestreuen.

HÄHNCHEN IN MANDEL-PISTAZIEN-SAUCE

Warum die »Korma« genannten Currys in Indien vor allem an Festtagen serviert werden, schmeckt man vom ersten Löffel an: Sie sind einfach traumhaft gut.

2 Zwiebeln
3 EL Ghee (ersatzweise
Butterschmalz)
40 g gehäutete Mandelkerne
40 g Pistazienkerne
1 Lorbeerblatt
7 grüne Kardamomkapseln
1 Stück Ingwer (ca. 3 cm)
800 g Hähnchenbrust
3 Nelken
½ TL Fenchelsamen
200 g griechischer Joghurt
(10 % Fett)
Salz
brauner Zucker

Für besondere Gelegenheiten

Für 4 Portionen |
1 Std. 30 Min. Zubereitung
Pro Portion ca. 475 kcal,
48 g E, 27 g F, 6 g KH

1 Die Zwiebeln schälen und würfeln. 2 EL Fett in einem Topf erhitzen. Die Mandeln, die Pistazien und das Lorbeerblatt darin unter Rühren 8 Min. braten. Aufpassen, dass Mandeln und Pistazien nicht zu dunkel werden, sonst schmecken sie bitter. Die Zwiebeln zugeben und unter Rühren in 10 Min. goldbraun anbraten.

2 Die grünen Kardamomkapseln mit einem kleinen spitzen Messer aufritzen, die Samen herauslösen und kurz vor Ende der Garzeit zu den Zwiebeln geben. 200 ml Wasser zugießen, aufkochen und alles 10 Min. köcheln lassen.

3 Inzwischen den Ingwer schälen und fein würfeln. Das Fleisch waschen, trocken tupfen und in 4–5 cm große Stücke schneiden. Die Zwiebel-Nuss-Masse kurz abkühlen lassen und zu einer feinen Paste pürieren.

4 Übriges Fett in einem Topf erhitzen. Den Ingwer, die Nelken und die Fenchelsamen darin kurz anbraten. Das Fleisch zugeben und rundherum 5 Min. anbraten. Die Zwiebel-Nuss-Paste unterrühren, bis alle Fleischstücke damit überzogen sind. Dann den Joghurt unter ständigem Rühren löffelweise zugeben. 200 ml Wasser angießen, salzen und alles 30 Min. bei kleiner Hitze köcheln lassen. Dabei anfangs ab und zu, gegen Ende öfter umrühren, damit das eher dickflüssige Curry nicht anbrennt. Das Curry mit Salz und Zucker abschmecken und servieren.

TIPP   Das Fett aus der Zwiebel-Nuss-Paste verhindert, dass der Joghurt trotz Hitze gerinnt. Daher ist es wichtig, erst die Paste gut unterzurühren.

LAMMCURRY ROGAN JOSH

Bei diesem berühmten Rezept bekommt das Fleisch durch das Einlegen in eine würzige Joghurtmischung Aroma und wird beim Schmoren herrlich zart.

Für das Fleisch:

1 Stück Ingwer (ca. 3 cm)
3 Knoblauchzehen
2 TL Garam Masala
½ TL Kurkumapulver
2 TL Salz
150 g griechischer Joghurt (10 % Fett)
750 g Lammfleisch zum Schmoren

Für die Sauce:

2 große rote Zwiebeln
2 EL Butterschmalz
1 TL Kreuzkümmelsamen
3 Nelken
4 schwarze Kardamomkapseln
2 Lorbeerblätter
1 Zimtstange
2 EL Tomatenmark
1 EL Chilipulver
1 TL gemahlener Koriander
Salz | Pfeffer

Zartes Aromawunder

Für 4 Portionen |
35 Min. Zubereitung |
12 Std. Marinieren |
1 Std. 30 Min. Schmoren
Pro Portion ca. 385 kcal,
38 g E, 24 g F, 5 g KH

1 Den Ingwer und den Knoblauch schälen und fein würfeln. Mit den Gewürzen und dem Salz unter den Joghurt mischen. Das Fleisch trocken tupfen, in Würfel schneiden und unter den Joghurt rühren. Abgedeckt mind. 3 Std., besser über Nacht, kalt stellen.

2 Die Zwiebeln schälen und fein würfeln. Das Fett in einem Topf erhitzen. Die Zwiebeln darin 5 Min. andünsten. Die ganzen Gewürze zugeben und alles unter Rühren weitere 10 Min. braten, bis die Zwiebeln leicht bräunen und das Öl an den Seiten austritt.

3 Das Tomatenmark einrühren und kurz anbraten. Chilipulver und den Koriander zugeben. Das Fleisch samt Marinade zugeben und unter Rühren 5–10 Min. braten. 400–500 ml Wasser angießen und zugedeckt bei kleiner Hitze 1 Std. 30 Min. schmoren. Die letzten 15 Min. den Deckel abnehmen und das Curry bei mittlerer Hitze etwas einkochen lassen. Mit Salz, Pfeffer und nach Belieben noch etwas Chilipulver abschmecken und servieren.

TIPP

Statt Lamm können Sie auch Rind- oder Hähnchenfleisch verwenden. Mit Hähnchenfleisch, am besten das etwas kräftigere Fleisch von ausgelösten Hähnchenkeulen verwenden, verringert sich die Schmorzeit auf 1 Std.

CURRYS MIT FISCH UND MEERESFRÜCHTEN

Die meisten »Curry-Länder« haben ausgedehnte Küsten. Kein Wunder,
dass in diesen Regionen auch Fische und Meerestiere zu köstlichen
Gerichten verarbeitet werden. Der große Vorteil dabei: Sie müssen nur kurz in der
Sauce ziehen, um zu garen und sich mit köstlichen Aromen vollzusaugen.

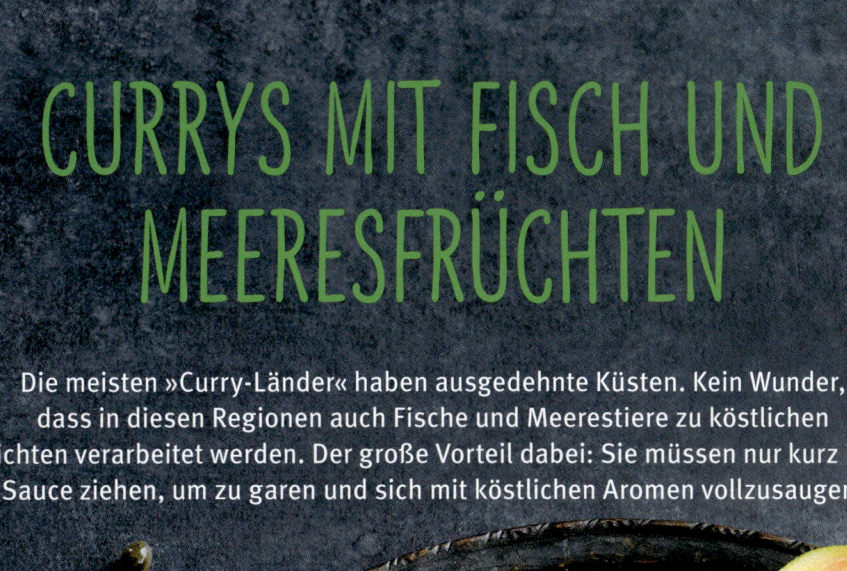

ROTES THAI-GARNELEN-CURRY

Kürbis und Papaya sorgen für eine leicht süßliche Note bei diesem scharfen Curry,
die wunderbar zu den feinen Garnelen passt.

1 kleiner Butternuss-
kürbis (900 g)
500 g rohe Garnelen (ohne
Kopf und Schale, entdarmt)
1 Bund Frühlingszwiebeln
1 Stück Ingwer (ca. 2 cm)
½ Bund Koriandergrün
1 nicht zu reife Papaya (400 g)
1 EL Öl
3–4 TL rote Thai-Currypaste
(aus dem Glas oder selbst
gemacht, siehe S. 7)
1 Dose Kokosmilch (400 g;
nicht geschüttelt, gekühlt)
1–2 EL Fischsauce
1 TL Palmzucker (ersatzweise
brauner Zucker)
Salz (nach Belieben)

Fein-fruchtiger Mix

Für 4 Portionen |
35 Min. Zubereitung
Pro Portion ca. 400 kcal,
20 g E, 21 g F, 16 g KH

1 Den Backofen auf 200° vorheizen. Den Kürbis halbieren, von Kernen und Fasern befreien, die Hälften schälen und in mundgerechte Stücke schneiden. Auf ein Backbelch legen und im Ofen 20 Min. rösten, bis er fast weich ist.

2 Inzwischen die Garnelen waschen und trocken tupfen. Die Frühlingszwiebeln putzen, waschen und in feine Ringe schneiden. Den Ingwer schälen und fein würfeln. Den Koriander waschen und trocken schütteln. Die Blättchen von den Stielen zupfen, beides zur Seite legen. Die Papaya halbieren und die Kerne mit einem Löffel entfernen (Kerne nicht wegwerfen, siehe Tipp). Das Fruchtfleisch schälen und in mundgerechte Würfel schneiden. Den Kürbis aus dem Ofen nehmen.

3 Das Öl in einem Topf erhitzen. Die Frühlingszwiebeln und den Ingwer darin andünsten. 3 EL der festen Kokoscreme zugeben und schmelzen, die Currypaste einrühren und 1–2 Min. darin anbraten. Restliche Kokosmilch und 300 ml Wasser angießen. Die Korianderstiele zugeben und alles aufkochen. Hitze reduzieren, den Kürbis und die Garnelen zugeben und bei mittlerer Hitze 5–6 Min. ziehen lassen, bis die Garnelen gar sind. Die Papaya zugeben und im Curry erhitzen. Korianderstiele aus dem Curry fischen. Das Curry mit Fischsauce, Zucker und nach Belieben mit etwas Salz abschmecken. Mit Koriander bestreut servieren.

TIPP Werfen Sie die Kerne der Papaya nicht weg. Sie haben ein tolles pfeffriges Aroma und schmecken lecker als Topping auf dem Curry. Dazu die Samen abspülen, trocken tupfen und im Mörser oder mit einem Messer leicht anstoßen.

FISCH-CURRY NACH MADRAS ART

50 g Kokosraspel | 800 g Kabeljaufilet | Saft von ½ Limette | Salz | 2 Schalotten | 1 Stück Ingwer (ca. 3 cm) | 2 EL Öl | 1 TL schwarze Senfkörner | 1 geh. TL Madras-Currypulver | 2–3 TL Chili-pulver | 200 g Kokosmilch | 1 Dose stückige Tomaten (400 g)

Schön scharf

Für 4 Portionen | 40 Min. Zubereitung
Pro Portion ca. 375 kcal, 37 g E, 22 g F, 7 g KH

1 Die Kokosraspel mit 100 ml heißem Wasser übergießen und 10 Min. ziehen lassen. Den Fisch waschen, trocken tupfen, mit Limettensaft beträu-feln und salzen. Die Kokosraspel samt Einweich-wasser im Blitzhacker zu einer Paste pürieren.

2 Die Schalotten und den Ingwer schälen und fein hacken. Das Öl in einem Topf erhitzen. Senfkörner darin anrösten, bis sie springen. Die Schalotten zu-geben und unter Rühren 5 Min. andünsten. Ingwer hinzufügen und kurz mitdünsten. Mit Curry- und Chilipulver bestäuben und kurz andünsten.

3 Die Kokospaste zugeben und 3–4 Min. unter Rühren anbraten. 150 ml Wasser, Kokosmilch und Tomaten zugießen, aufkochen und 15 Min. köcheln lassen. Die Sauce mit Salz abschmecken.

4 Den Fisch in mundgerechte Stücke schneiden. Vorsichtig in die Sauce legen und die Sauce darü-ber verteilen. Zugedeckt bei kleiner Hitze in 10 Min. gar ziehen lassen.

INDISCHES GARNELEN-CURRY

600 g rohe Garnelen (ohne Kopf und Schale, entdarmt) | 1 EL Öl | 175 g indische Currypaste (aus dem Glas oder selbst gemacht, siehe S. 6) | 1 TL braune Senfsamen | 6 getrocknete Curryblätter | 1 Dose stückige Tomaten (400 g) | 200 g Kokosmilch | Salz | Pfeffer | 1 TL brauner Zucker | 1–2 EL Tamarindenpaste | Koriandergrün zum Bestreuen

Blitzschnelles Aromawunder

Für 4 Portionen | 20 Min. Zubereitung
Pro Portion ca. 325 kcal, 31 g E, 14 g F, 19 g KH

1 Die Garnelen waschen und trocken tupfen. Das Öl in einem Topf erhitzen und die Currypaste darin unter Rühren 2–3 Min. andünsten. Senfsamen und Curryblätter dazugeben und rösten, bis sie knistern. Die Tomaten und 150 ml Wasser einrühren, aufkochen und 5 Min. einkochen lassen. Die Sauce fein pürieren, die Kokosmilch unterrühren und mit Salz, Pfeffer und Zucker abschmecken.

2 Die Garnelen in die Sauce geben und bei kleiner Hitze zugedeckt 5 Min. ziehen lassen, bis sie gar sind. Die Tamarindenpaste einrühren. Das Curry salzen und mit Koriander bestreut servieren.

TIPP
Statt mit Garnelen schmeckt das Curry auch mit festfleischigem weißem Fischfilet wie etwa Seelachs, Rotbarsch oder Kabeljau. Den Fisch mit etwas Limettensaft beträufeln, salzen und in größere Stücke schneiden. Die Fischstücke in die Sauce legen, gut mit der Sauce bedecken und in 10 Min. gar ziehen lassen.

GRÜNES TINTENFISCH-CURRY

Schön scharf und korianderwürzig passt diese Currysauce aus Sri Lanka perfekt zu den Kalmarringen. Sie schmeckt aber genauso gut auch zu Garnelen oder Fischfilet.

2 Schalotten
5 Knoblauchzehen
1 Stück Ingwer (ca. 3 cm)
3–4 grüne Chilischoten
1 Bund Koriandergrün
1 große Tomate
2 EL Öl
1 Zimtstange
1 TL gemahlener Koriander
1 Dose Kokosmilch (400 g)
Salz | Pfeffer
500 g Kalmartuben in Ringen
(frisch oder TK und aufgetaut)
50 g Baby-Spinat
Saft von 1 Limette
1 TL Palmzucker (ersatzweise brauner Zucker)

Grüner wird's nicht

Für 4 Portionen |
35 Min. Zubereitung
Pro Portion 370 kcal,
25 g E, 24 g F, 10 g KH

1 Die Schalotten, den Knoblauch und den Ingwer schälen und grob würfeln. Die Chilischoten waschen und nach Belieben mit oder ohne Kerne grob zerkleinern. Den Koriander waschen, trocken schütteln und samt der zarten Stiele grob hacken. Alles mit 5 EL Wasser in einen Mixer oder hohen Rührbecher geben und fein pürieren.

2 Die Tomate waschen, vierteln, entkernen und würfeln. Das Öl in einem Topf erhitzen. Die Zimtstange darin kurz anbraten. Die Schalottenpaste zugeben und unter Rühren 2–3 Min. anrösten. Den Koriander unterrühren. Die Tomate, 200 ml Wasser und Kokosmilch zugeben. Mit Salz und Pfeffer würzen und alles bei mittlerer Hitze 15 Min. einkochen lassen.

3 Die Kalmarringe waschen und trocken tupfen. Den Spinat waschen und trocken schütteln. Die Sauce mit Limettensaft, Salz und Zucker abschmecken. Die Kalmarringe zugeben und bei kleiner Hitze zugedeckt 5 Min. gar ziehen lassen. Den Spinat zugeben und alles noch 1 Min. ziehen lassen. Das Curry erneut abschmecken und servieren.

GEGRILLTE LACHS-STEAKS

Nach Sri Lanka Art werden bei diesem Rezept die Fisch-Steaks zunächst gegrillt und erst dann in eine dickflüssige Sauce gebettet, die den Genuss perfekt macht.

Für die Sauce:
1 Zwiebel
3 grüne Kardamomkapseln
1 TL Fenchelsamen
4 EL Öl
5 getrocknete Curryblätter
¾ TL rosenscharfes Paprikapulver
5 Tomaten
Salz
30 g Koriandergrün
1 TL Dijon-Senf
Für den Fisch:
4 Lachskoteletts (à 200 g)
½ TL Kurkumapulver
2 EL Öl

Macht glücklich

Für 4 Portionen |
35 Min. Zubereitung
Pro Portion ca. 520 kcal,
39 g E, 38 g F, 3 g KH

1 Für die Sauce die Zwiebel schälen und fein hacken. Kardamomkapseln mit einem kleinen spitzen Messer aufritzen, Samen herauslösen und zusammen mit den Fenchelsamen im Mörser fein zerstoßen. 2 EL Öl in einem Topf erhitzen. Die Zwiebel darin unter Rühren 5 Min. andünsten. Die Curryblätter, die Kardamom-Fenchel-Mischung und das Paprikapulver zugeben und kurz mitdünsten. Die Tomaten waschen und direkt über dem Topf auf der groben Seite einer Haushaltsreibe raspeln. 400 ml Wasser zugießen, mit Salz würzen, aufkochen und bei mittlerer Hitze in 10 Min. zu einer dicklichen Sauce einkochen lassen.

2 Inzwischen den Fisch waschen und trocken tupfen. Das Kurkumapulver mit 2 EL Öl verrühren. Den Fisch von beiden Seiten damit einstreichen und auf einen mit Backpapier belegten Backofenrost legen. Den Backofengrill auf höchster Stufe vorheizen, und den Fisch mit 5 cm Abstand zu den Grillstäben einschieben. Den Fisch 7 Min. grillen. Alternativ den Fisch in eine Grillpfanne legen und von jeder Seite 3–4 Min. braten.

3 Koriander waschen, trocken schütteln und samt der zarten Stiele fein hacken. Die Sauce mit Salz und Senf abschmecken, Koriander unterrühren. Den gegrillten Fisch in die Sauce legen, mit Sauce bedecken und zugedeckt bei sehr kleiner Hitze 5 Min. ziehen lassen. Die Fisch-Koteletts auf Teller legen und etwas von der Sauce darüberlöffeln.

TIPP Statt Lachskoteletts schmecken auch andere Fischkoteletts wie z. B. vom Schwert- oder Thunfisch. Je nach Dicke der Koteletts die Grillzeit evtl. etwas verkürzen oder verlängern.

FISCH-MANGO-CURRY

Mit fertigem Mango-Chutney ganz unkompliziert und schnell auf dem Tisch ist dieses Gericht genau richtig, wenn es nach Feierabend ohne viel Aufwand mal etwas raffinierter sein soll.

2 große Zwiebeln
1 Stück Ingwer (ca. 5 cm)
4 EL Öl
2–3 TL mildes Currypulver
3 kleine Tomaten
750 g weißes Fischfilet
(z. B. Kabeljau oder Seelachs)
Salz | Pfeffer
2–3 EL mildes Mango-Chutney
50 g Kokosmilch
Koriandergrün zum Bestreuen

Fruchtig-mild

Für 4 Portionen |
30 Min. Zubereitung
Pro Portion ca. 280 kcal,
33 g E, 12 g F, 10 g KH

1 Die Zwiebeln und den Ingwer schälen und mit 2–3 EL Wasser fein pürieren. 2 EL Öl in einem Topf erhitzen. Die Zwiebel-Ingwer-Paste darin unter Rühren 5 Min. andünsten, bis sie leicht bräunt. Das Currypulver zugeben und kurz mitbraten. Die Tomaten waschen und auf der groben Seite einer Haushaltsreibe direkt in den Topf raspeln. 400 ml Wasser zugießen, aufkochen und alles 10 Min. köcheln lassen.

2 Inzwischen die Fischfilets waschen, trocken tupfen und salzen. 2 EL Öl in einer großen Pfanne erhitzen und den Fisch darin in zwei Portionen pro Seite 2–3 Min. anbraten. Pfeffern, herausnehmen und in größere Stücke schneiden.

3 Das Chutney und die Kokosmilch in die Sauce rühren, mit Salz und Pfeffer abschmecken. Die Fischstücke in die Sauce legen, mit der Sauce bedecken und zugedeckt bei kleiner Hitze 5 Min. gar ziehen lassen. Das Curry mit Koriander bestreut servieren.

TIPP Wenn Sie es scharf mögen, verwenden Sie scharfes Mango-Chutney oder würzen die Sauce mit etwas Chilipulver nach.

VEGGIE-CURRYS

Indien ist bekannt für seine vielfältige vegetarische Küche. Aber auch die Currys anderer asiatischer Länder stehen dieser in nichts nach und überzeugen mit raffinierten Gerichten. Da werden selbst Fleischesser garantiert nichts vermissen und der Veggie-Day wird zum Lieblingstag der Woche.

GEMÜSE-KOFTA IN KORMASAUCE

Dieses Gericht macht etwas mehr Mühe. Dafür ist es aber ein wahres Festessen und lässt sich gut häppchenweise zubereiten.

Für die Kofta:
400 g vorwiegend fest-
kochende Kartoffeln
Salz
150 g TK-Erbsen
4 grüne Thai-Chilischoten
2 Knoblauchzehen
½ TL Garam Masala
¼ TL Kurkumapulver
2 EL Kichererbsenmehl
250 ml Sonnenblumenöl zum
Frittieren
Für die Sauce:
1 Zwiebel
1 EL Öl
80 g Cashewkerne
40 g Rosinen
1 Dose geschälte
Tomaten (400 g)
125 g Kokosmilch
Salz
Koriandergrün zum Bestreuen

Vegane Feinkost 🌿

Für 4 Portionen |
1 Std. 15 Min. Zubereitung
Pro Portion ca. 430 kcal,
11 g E, 26 g F, 37 g KH

1 Die Kartoffeln schälen, waschen und in Würfel schneiden. In Salzwasser 15 Min. garen, bis sie weich sind. 5 Min. vor Ende der Garzeit die Erbsen zugeben und mitgaren. Inzwischen die Chilischoten halbieren, entkernen, waschen und fein würfeln. Den Knoblauch schälen und fein würfeln. Die Kartoffel-Erbsen-Mischung abgießen, gut abtropfen lassen und in eine Schüssel geben. Mit einem Kartoffelstampfer zerdrücken. ½ TL Salz, Garam Masala, Kurkuma, Chilis, Knoblauch und Kichererbsenmehl zugeben und alles zu einer glatten Masse verkneten.

2 Die Masse mit leicht angefeuchteten Händen zu zwölf tischtennisballgroßen Bällchen formen. Das Öl in einem weiten Topf 5 cm hoch einfüllen und erhitzen. Sobald an einem eingetauchten Holzstiel Bläschen aufsteigen, ist die Temperatur optimal. Dann die Kofta darin portionsweise goldbraun frittieren. Auf Küchenpapier abtropfen lassen.

3 Für die Sauce die Zwiebel schälen und würfeln. Das Öl in einem Topf erhitzen und die Zwiebel darin 5 Min. andünsten. Die Cashewkerne und die Rosinen zugeben und weitere 5 Min. dünsten. Die Tomaten, 150 ml Wasser, Kokosmilch und ½ TL Salz zugeben und aufkochen. Zugedeckt bei mittlerer Hitze 5–10 Min. köcheln lassen. Die Sauce fein pürieren und mit Salz abschmecken. Die Kofta in die Sauce geben und zugedeckt bei kleiner Hitze 5 Min. ziehen lassen. Mit Koriander bestreut servieren.

AUBERGINEN-KICHERERBSEN-CURRY

600 g Auberginen | 5 EL Öl | Salz | 1 Zwiebel |
2 Knoblauchzehen | 1 Zimtstange | 1 TL Kurku-
mapulver | 1 TL gemahlener Koriander | 1 Dose
stückige Tomaten (400 g) | 1 Dose Kichererbsen
(265 g Abtropfgewicht) | 3 TL brauner Zucker

Veganes aus Pakistan

Für 4 Portionen | 40 Min. Zubereitung
Pro Portion ca. 220 kcal, 6 g E, 14 g F, 17 g KH

1 Den Backofen auf 200° vorheizen. Die Auberginen waschen, putzen und in 2 cm große Würfel
schneiden. Die Auberginenwürfel mit 3 EL Öl mischen, salzen und nebeneinander auf einem mit
Backpapier belegten Backblech verteilen. Im heißen Ofen 20 Min. backen.

2 Inzwischen die Zwiebel und den Knoblauch
schälen, grob zerkleinern und mit 2–3 EL Wasser
zu einer Paste pürieren. 2 EL Öl in einem Topf erhitzen. Die Zwiebelpaste darin unter Rühren anbraten, bis sie leicht bräunlich wird.

3 Die Zimtstange zur Currypaste in den Topf geben und 1–2 Min. mitbraten. Die gemahlenen Gewürze zugeben und 1–2 Min. andünsten. Tomaten
und Kichererbsen samt Flüssigkeit und 200 ml
Wasser zugeben und aufkochen. Alles 20 Min. köcheln lassen, dabei ab und zu umrühren.

4 5 Min. vor Ende der Garzeit die gebackenen Auberginen zugeben und mitgaren. Das Curry mit Zucker und Salz abschmecken. Dazu schmecken ein
Koriander-Raita (siehe Umschlagklappe hinten)
und Brot oder Reis.

KARTOFFEL-KOHL-CURRY MIT TEMPEH

1 Block Tempeh (250 g; Asia- oder Bioladen) |
1 Knoblauchzehe | Salz | 3 Schalotten |
1 Stück Ingwer (ca. 2 cm) | 1 Stange Zitronen-
gras | 2 Macadamianusskerne | 1 Spitzkohl
(700 g) | 500 g vorwiegend festkochende
Kartoffeln | 1 Dose Kokosmilch (400 g; nicht
geschüttelt, gekühlt) | ½ TL Kurkumapulver |
½ TL gemahlener Koriander | 1 Kaffirlimetten-
blatt | 1 TL brauner Zucker | 2–3 EL Öl

Hausmannskost aus Indonesien 🌿

Für 4 Portionen | 40 Min. Zubereitung |
1 Std. Marinieren
Pro Portion ca. 415 kcal, 18 g E, 26 g F, 28 g KH

1 Den Tempeh in 1 x 3 cm große Streifen schneiden. Knoblauch schälen, in eine Schale pressen
und mit 2 EL Wasser mischen. 1 TL Salz und Tempeh unterrühren. 1 Std. marinieren.

2 Die Schalotten und den Ingwer schälen und
grob würfeln. Das Zitronengras putzen, das untere
Drittel fein schneiden. Alles mit den Nüssen und
2 EL Wasser pürieren. Den Kohl waschen, putzen,
vierteln und in Streifen vom Strunk schneiden. Die
Kartoffeln schälen, waschen und würfeln.

3 3 EL von der festen Kokoscreme abnehmen und
in einem großen Topf erhitzen. Die Paste darin
5 Min. anbraten, bis sie duftet und das Öl austritt.
Kurkumapulver und Koriander zugeben. Die Kartoffeln unterrühren. Den Kohl zugeben. Die restliche
Kokosmilch, 200 ml Wasser, das Kaffirlimetten-
blatt, 1 ½ TL Salz und Zucker hinzufügen, aufkochen und 15 Min. köcheln lassen.

4 Tempeh trocken tupfen und im Öl knusprig aus-
backen. Auf Küchenpapier entfetten. Das Curry mit
Salz abschmecken und mit dem Tempeh anrichten.

ALOO GOBHI MIT PFANNKUCHEN

Das Kartoffel-Blumenkohl-Curry ist so einfach wie köstlich. Besonders raffiniert als Beilage sind die glutenfreien Pfannkuchen, die auch zu anderen Currys schmecken.

Für die Pfannkuchen:
200 g Mung Dal (halbierte, geschälte Mungbohnen)
2 grüne Chilischoten
1 EL Reismehl
1 Msp. Backpulver
¼ TL Kurkumapulver
Salz
4 TL Öl zum Braten
Für das Curry:
1 Blumenkohl (1 kg)
350 g Kartoffeln
1 große Zwiebel
2 Knoblauchzehen
1 Stück Ingwer (ca. 2½ cm)
3 TL Öl
1 TL Kreuzkümmelsamen
½ TL Kurkumapulver
¾ TL Chilipulver
½ TL gemahlener Koriander
½ TL Garam Masala
1–2 TL Limettensaft
Koriandergrün zum Bestreuen

Indischer Veggie-Klassiker 🌿

Für 4 Portionen |
45 Min. Zubereitung |
5 Std. Einweichen
Pro Portion ca. 325 kcal,
18 g E, 10 g F, 41 g KH

1 Die Bohnen in einem Sieb abspülen und in Wasser mindestens 5 Std. einweichen. Die Chilischoten halbieren, entkernen, waschen und grob würfeln. Die Bohnen abgießen, mit den anderen Pfannkuchenzutaten (ohne Öl) und 175 ml Wasser fein pürieren.

2 Für das Curry den Blumenkohl waschen, putzen und in Röschen teilen. Die Kartoffeln schälen, waschen und in 2 cm große Würfel schneiden. Die Zwiebel, den Knoblauch und den Ingwer schälen und fein würfeln.

3 Das Öl in einem weiten, großen Topf erhitzen. Kreuzkümmel darin anbraten, bis er anfängt zu springen. Die Zwiebel zugeben und andünsten. Den Knoblauch, den Ingwer und die Gewürze zugeben und kurz andünsten. Die Kartoffeln untermischen, 100 ml Wasser angießen und zugedeckt 5 Min. dünsten. Den Blumenkohl zugeben, gut untermischen und 400 ml Wasser angießen. Aufkochen, dann zugedeckt 10 Min. dünsten, bis Kartoffeln und Blumenkohl gar sind. Mit Salz und Limettensaft abschmecken. Vor dem Servieren mit Koriander bestreuen.

4 Während das Curry köchelt, Pfannkuchen backen. Dazu 1 TL Öl in einer beschichteten Pfanne erhitzen. 1 kleine Schöpfkelle Teig hineingeben. Den Teig mit dem Pfannenwender kreisförmig von innen nach außen zu einem dünnen Pfannkuchen von 18 cm Ø ausstreichen. 2–3 Min. backen, umdrehen und weitere 2 Min. backen. Pfannkuchen im Backofen bei 80° warm halten. Nacheinander aus restlichem Teig und Öl sieben weitere Pfannkuchen backen. Zum Curry servieren.

SCHNELLES EIER-CURRY

6 Eier | 750 g vorwiegend festkochende Kartoffeln | 3 EL Öl | 175 g indische Currypaste (aus dem Glas oder selbst gemacht, siehe S. 6) | 200 g Kokosmilch | 2 Tomaten | 3 getrocknete rote Chilischoten | 1 TL Kreuzkümmelsamen | 1–2 TL Limettensaft | Salz | Pfeffer | brauner Zucker | Koriandergrün zum Bestreuen

So einfach und so gut

Für 4 Portionen | 30 Min. Zubereitung
Pro Portion ca. 435 kcal, 15 g E, 25 g F, 37 g KH

1 Die Eier in kochendem Wasser in 8 Min. hart kochen. Inzwischen die Kartoffeln schälen, waschen und in 1–2 cm große Würfel schneiden.

2 1 EL Öl in einem Topf erhitzen. Die Currypaste darin unter Wenden 5 Min. anbraten. Die Kartoffeln zugeben und untermischen. Die Kokosmilch und 400 ml Wasser dazugießen. Alles einmal aufkochen und zugedeckt 15–18 Min. köcheln lassen.

3 Inzwischen für das Würzöl die Tomaten waschen, vierteln, entkernen und klein würfeln. Übriges Öl in einer kleinen Pfanne erhitzen. Chilis und Kreuzkümmel im Öl unter Wenden anbraten, bis sie anfangen zu duften. Die Tomaten zugeben. Alles unter Wenden 5 Min. braten.

4 Das Curry mit Limettensaft, Salz, Pfeffer und Zucker abschmecken. Die Eier pellen, vierteln, ins Curry geben und kurz erwärmen. Das Würzöl über das Curry gießen. Mit Koriander bestreut servieren.

ROTE KOKOS-LINSEN MIT SPINAT

250 g rote Linsen | 1 Zwiebel | 2 Knoblauch-
zehen | 1 Stück Ingwer (ca. 3 cm) | 2 EL Öl |
½ TL gemahlener Kreuzkümmel | ½ TL Kurku-
mapulver | 1 Dose Kokosmilch (400 g) |
250 g Baby-Spinat | 2 TL Panch Phoron (ben-
galische Gewürzmischung; siehe Glossar) |
Salz | 2–3 TL Zitronensaft

Express-Curry 🌿

Für 4 Portionen | 20 Min. Zubereitung
Pro Portion ca. 455 kcal, 21 g E, 23 g F, 41 g KH

1 Die Linsen in ein Sieb geben und unter kaltem
Wasser abspülen. Die Zwiebel, den Knoblauch und
den Ingwer schälen und klein würfeln. 1 EL Öl in einem Topf erhitzen. Die Zwiebel darin unter Wenden
5 Min. andünsten. Den Knoblauch und den Ingwer
zugeben und kurz mitdünsten. Kreuzkümmel und
Kurkumapulver zugeben und kurz anbraten, bis sie
duften. Die Linsen unterrühren. Die Kokosmilch
und 450 ml Wasser angießen, aufkochen und
12 Min. garen. Dabei ab und zu umrühren.

2 Kurz vor Ende der Garzeit den Spinat gründlich
waschen und trocken schütteln. 1 EL Öl in einer
kleinen Pfanne erhitzen. Panch Phoron darin
3–4 Min. anbraten, bis die Gewürze knistern. Den
Spinat zugeben und unter Wenden in 1–2 Min. zu-
sammenfallen lassen.

3 Den Würzspinat unter das Curry mischen. Mit
Salz und Zitronensaft abschmecken und servieren.

SÜSSKARTOFFEL-ZUCKERSCHOTEN-CURRY

Echtes Soulfood, das Löffel für Löffel satt und zufrieden macht. Und dazu steht es auch nach Feierabend schnell auf dem Tisch. Ein wahres Traumessen also.

Für das Curry:
750 g Süßkartoffeln
200 g Zuckerschoten
1 Zwiebel
1 rote Chilischote
1 EL Öl
3 TL mildes Currypulver
1 Dose Kokosmilch (400 g)
1 Stange Zitronengras
2 Kaffirlimettenblätter
Limettensaft
Salz
Für das Topping:
25 g Kokoschips
abgeriebene Schale von
1 Bio-Limette
1 EL Ahornsirup

Mit Knusper-Topping 🌿

Für 4 Portionen |
35 Min. Zubereitung
Pro Portion ca. 455 kcal,
7 g E, 25 g F, 50 g KH

1 Die Süßkartoffeln schälen, waschen und in Würfel schneiden. Die Zuckerschoten waschen, putzen und entfädeln. Die Zwiebel schälen und fein würfeln. Die Chilischote halbieren, nach Belieben entkernen, waschen und fein schneiden.

2 Das Öl in einem Topf erhitzen. Die Zwiebel darin unter Wenden 5 Min. andünsten. Chili zugeben und kurz mitdünsten. Das Currypulver darüberstäuben und kurz andünsten. Die Süßkartoffeln unterrühren. Die Kokosmilch und 250 ml Wasser angießen. Das Zitronengras putzen, waschen und den unteren Teil mit einem Mörserstößel kräftig anstoßen. Mit den Kaffirlimettenblättern in den Topf geben. Alles aufkochen und unter gelegentlichem Rühren 20 Min. köcheln lassen. 5 Min. vor Ende der Garzeit die Zuckerschoten zugeben und mitgaren.

3 Inzwischen für das Knusper-Topping den Backofen auf 200° vorheizen. Die Kokoschips auf einem mit Backpapier belegten Backblech verteilen. Mit der Limettenschale bestreuen und mit dem Ahornsirup beträufeln. Im heißen Ofen 5 Min. backen, bis die Kokoschips bräunen und karamellisieren. Herausnehmen und abkühlen lassen.

4 Das Curry mit dem Limettensaft und Salz abschmecken. Mit dem Knusper-Topping bestreut servieren.

TIPP Übriges Knusper-Topping hält sich in einem Schraubglas mindestens 4 Wochen.

GRÜNES THAI-GEMÜSECURRY

2 Frühlingszwiebeln | 200 g grüne Sojabohnen-
kerne (Edamame; frisch oder TK; Asialaden) |
100 g Mungobohnensprossen | 5 Stiele Thai-
Basilikum | 1 EL Öl | 3–4 TL grüne vegane Thai-
Currypaste | 1 Dose Kokosmilch (400 g) |
250 g grüne TK-Bohnen in Stücken | 250 g TK-
Erbsen | 1–2 EL helle Sojasauce | 1 TL brauner
Zucker | 1 EL Limettensaft | Salz (nach Belie-
ben) | 4 EL geröstete Erdnusskerne

Vegane Blitzküche

Für 4 Portionen | 25 Min. Zubereitung
Pro Portion ca. 410 kcal, 20 g E, 25 g F, 28 g KH

1 Die Frühlingszwiebeln putzen, waschen und in
feine Ringe schneiden. Frische Sojabohnenkerne
abspülen und abtropfen lassen. Sprossen ebenfalls abspülen und abtropfen lassen. Basilikum
waschen und trocken schütteln.

2 Das Öl erhitzen. Den weißen Teil der Frühlingszwiebeln darin andünsten. Die Currypaste zugeben
und 1–2 Min. mitbraten. Die Kokosmilch und
400 ml Wasser angießen, Basilikum zugeben und
aufkochen. TK-Bohnen und -Erbsen zugeben und
bei mittlerer Hitze 8–10 Min. köcheln lassen.

3 Die Sojabohnenkerne und die Sprossen zugeben und kurz im Curry erwärmen. Mit Sojasauce,
Zucker, Limettensaft und nach Belieben noch etwas Salz abschmecken. Basilikum aus dem Curry
fischen. Die Erdnüsse grob hacken und über das
fertige Curry streuen.

VARIANTE

Wenn Sie keine Sojabohnenkerne bekommen,
können Sie stattdessen auch anderes grünes
Gemüse wie z. B. Brokkoliröschen verwenden.

INDONESISCHES GEMÜSE-TOFU-CURRY

300 g Tofu | 4 EL Öl | 2 Schalotten | 2 Knoblauchzehen | 1 Stück Galgant (ca. 3 cm, ersatzweise Ingwer) | 2 Stängel Zitronengras | 1–2 TL Sambal Oelek (indonesische Chilipaste) | 3–4 Macadamianusskerne | 200 g Prinzessbohnen | 300 g Möhren | 400 g Aubergine | ½ Spitzkohl | 1 TL Kurkumapulver | 1 TL gemahlener Koriander | 1 Dose Kokosmilch (400 g) | Salz | 1 TL brauner Zucker

Suppen-Curry zum Löffeln

Für 4 Portionen | 40 Min. Zubereitung
Pro Portion ca. 430 kcal, 14 g E, 33 g F, 18 g KH

1 Den Tofu trocken tupfen, würfeln und in 2 EL Öl rundherum knusprig braten. Auf Küchenpapier entfetten. Die Schalotten, den Knoblauch und den Galgant schälen und grob würfeln. Das Zitronengras putzen, waschen und das untere Drittel fein schneiden. Alles mit Sambal Oelek, Nüssen und 2–3 EL Wasser pürieren.

2 Das Gemüse waschen und putzen. Die Bohnen entfädeln und in Stücke schneiden. Die Möhren schälen und in schmale Scheiben schneiden. Die Auberginen würfeln. Den Kohl in Streifen vom Strunk schneiden.

3 2 EL Öl in einem Topf erhitzen. Die Paste darin unter Wenden 10 Min. anbraten. Mit Kurkumapulver und Koriander bestäuben, kurz andünsten. Das Gemüse zugeben und kurz andünsten. Die Kokosmilch und 500 ml Wasser angießen. 1 TL Salz und Zucker zugeben, aufkochen und 15 Min. köcheln. Den Tofu hinzufügen und kurz erwärmen. Abschmecken und servieren.

PANEER IN PAPRIKASAUCE

Der indische Frischkäse ist ganz einfach gemacht, aber man muss etwas Geduld mitbringen.
Wer die nicht hat, bereitet das Curry stattdessen mit Tofu zu.

Für den Paneer (325 g):
3 l frische Vollmilch
10–12 EL Zitronensaft
Für die Sauce:
1 kleine Zwiebel
2 große rote Paprika-
schoten (450 g)
2–3 grüne Chilischoten
3 EL Öl
6 grüne Kardamomkapseln
½ TL gemahlener Kreuzkümmel
50 g Cashewkerne
Salz
Cayennepfeffer
Koriandergrün zum Bestreuen

Mit Suchtpotential

Für 4 Portionen |
50 Min. Zubereitung |
8 Std. Kühlen
Pro Portion ca. 460 kcal,
22 g E, 33 g F, 12 g KH

1 Für den Paneer die Milch langsam aufkochen, dabei mit einem Schneebesen rühren. Kocht die Milch, den Zitronensaft einrühren und weiterrühren, bis die Milch ausflockt (Bild 1). Alles in ein feinmaschiges Sieb gießen und 30 Sekunden kalt abspülen. Gut abtropfen lassen, dann die Käsebrösel in ein Mulltuch geben. Das Tuch über dem Käse fest zusammendrehen, sodass möglichst viel Flüssigkeit herausgepresst wird. In eine flache, eckige Auflaufform legen und die Masse im Tuch zu einem 2 cm hohen Rechteck drücken (Bild 2). Das Tuch darüberschlagen, mit zwei sauberen Konservendosen beschweren und 8 Std. kalt stellen.

2 Für die Sauce die Zwiebel schälen und würfeln. Die Paprika und die Chilischoten halbieren, weiße Trennwände und Kerne entfernen, Hälften waschen und grob würfeln. 1 EL Öl in einem Topf erhitzen. Die Zwiebel darin 5 Min. andünsten, Paprika und Chilis zugeben und weitere 5 Min. andünsten. Inzwischen die Kardamomkapseln mit einem kleinen spitzen Messer aufritzen, die Samen herauslösen und im Mörser zermahlen. Kardamom, Kreuzkümmel, Cashewkerne und 500 ml Wasser in den Topf geben, salzen. Alles aufkochen und zugedeckt 20–25 Min. köcheln, bis die Paprika weich ist.

3 Die Sauce fein pürieren. Mit Salz und Cayennepfeffer abschmecken. Den Paneer würfeln (Bild 3), in die Sauce geben und zugedeckt bei kleiner Hitze 5 Min. darin ziehen lassen. Das Curry mit Koriander bestreut servieren.

VIETNAMESISCHES VEGGIE-CURRY

2 EL scharfes Currypulver | 1 TL 5-Gewürze-Pulver | 400 g Tofu | 3 EL Öl | 1 Stange Zitronengras | 2 Schalotten | 2 Knoblauchzehen | 1 Stück Ingwer (ca. 2 cm) | 350 g Kartoffeln | 2 Möhren | 1 Lorbeerblatt | 400 g Kokosmilch | 1–2 TL brauner Zucker | 2 TL helle Sojasauce | Salz (nach Belieben) | Koriandergrün zum Bestreuen

Einfach gut 🌿

Für 4 Portionen | 40 Min. Zubereitung
Pro Portion ca 425 kcal, 15 g E, 31 g F, 21 g KH

1 Das Currypulver mit dem 5-Gewürze-Pulver mischen. Den Tofu würfeln. 2 EL Öl mit 1 TL Gewürzmischung verrühren, Tofuwürfel untermischen.

2 Das Zitronengras putzen und das untere Drittel fein schneiden. Die Schalotten, den Knoblauch und den Ingwer schälen und grob würfeln. Alles mit

2–3 EL Wasser pürieren. Die Kartoffeln und die Möhren schälen. Die Kartoffeln waschen und würfeln. Die Möhren putzen, längs halbieren und in dünne Scheiben schneiden.

3 1 EL Öl in einem Topf erhitzen. Die Paste darin unter Wenden 5 Min. andünsten. Die Kartoffeln und die Möhren untermischen. Übrige Gewürzmischung und Lorbeerblatt zugeben. Kokosmilch und 300 ml Wasser angießen, aufkochen und 20 Min. köcheln lassen.

4 Inzwischen den Tofu in einer beschichteten Pfanne unter Wenden anbraten. Das Curry mit Zucker, Fischsauce und nach Belieben mit Salz abschmecken. Tofu zugeben und zugedeckt 5 Min. im Curry erwärmen. Mit Koriander bestreut servieren. Traditionell wird Baguette dazu gereicht.

SCHNELLES TRIPLE-DAL

100 g Urad Dal (halbierte, geschälte Urdbohnen) | 100 g Mung Dal (halbierte, geschälte Mungbohnen) | 50 g rote Linsen | 1 TL Kurkumapulver | 1 Zwiebel | 2 Knoblauchzehen | 1 Stück Ingwer (ca. 3 cm) | 2 EL Öl | 1 TL Kreuzkümmelsamen | 1 TL braune Senfsamen | Salz | 2 EL Röstzwiebeln (Fertigprodukt) | Koriandergrün zum Bestreuen

Gesunder Sattmacher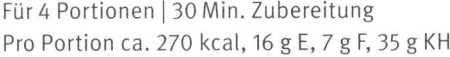

Für 4 Portionen | 30 Min. Zubereitung
Pro Portion ca. 270 kcal, 16 g E, 7 g F, 35 g KH

1 Die Hülsenfrüchte mischen, auf ein feinmaschiges Sieb geben und unter kaltem Wasser gründlich abspülen. Die Hülsenfrüchte mit dem Kurkumapulver und 1 l Wasser in einen Topf geben, aufkochen und 20 Min. köcheln lassen. Den dabei entstehenden Schaum mit einer Schaumkelle abschöpfen.

2 Inzwischen die Zwiebel, den Knoblauch und den Ingwer schälen und fein würfeln. Das Öl in einer kleinen Pfanne erhitzen. Kreuzkümmel und Senfsamen darin anbraten, bis sie anfangen zu springen. Die Zwiebel zugeben und unter Rühren 5 Min. andünsten. Den Knoblauch und den Ingwer zugeben und kurz mitdünsten.

3 Die Hülsenfrüchte mit einem Kartoffelstampfer leicht zerdrücken. Die Würzmischung unterrühren und mit Salz abschmecken. Die Hülsenfrüchte anrichten und mit den Röstzwiebeln und dem Koriandergrün bestreuen.

TIPP

Sie können das Gericht natürlich auch nur mit einer Sorte Linsen oder Bohnen zubereiten. Aber der Mix aus verschiedenen Sorten gibt einen ganz besonderen Geschmack.

KÜRBIS-SAMBHAR

Ein Sambhar ist ein typisches Currygericht aus Südindien. Seinen charakteristischen Geschmack verleiht ihm eine spezielle Gewürzmischung.

35 g Kokosraspel
150 g Toor Dal (halbierte, geschälte Straucherbsen; Asialaden)
1 Butternusskürbis (ca. 1 kg)
1 TL Tamarindenpaste
2 TL Sambhar Masala (Asialaden oder selbst gemischt, s. Tipp)
30 g Erdnusskerne
1 EL Koriandersamen
Salz
1 EL Öl
1 TL schwarze Senfsamen
4 rote getrocknete Chilischoten

Satt- und Glücklichmacher 🌿

Für 4 Portionen |
40 Min. Zubereitung
Pro Portion ca. 300 kcal,
13 g E, 12 g F, 32 g KH

1 Die Kokosraspel in 100 ml Wasser einweichen. Die Erbsen auf ein feinmaschiges Sieb geben und gründlich abspülen. Mit 600 ml Wasser aufkochen und 20 Min. köcheln lassen. Dabei entstehenden Schaum abschöpfen.

2 Den Kürbis schälen, entkernen und in 2 cm große Würfel schneiden. Die Tamarindenpaste mit 800 ml Wasser in einem Topf mischen. Den Kürbis und das Sambhar Masala zugeben, aufkochen und 15–20 Min. kochen, bis der Kürbis gar ist.

3 Inzwischen die Erdnüsse und den Koriander in einer Pfanne ohne Fett anrösten, herausnehmen. Mit den Kokosraspeln samt evtl. übrigem Wasser und 50 ml Wasser im Blitzhacker zu einer Paste mixen. Die Erbsen kurz abkühlen lassen und pürieren. Erst das Erbsen-, dann das Nusspüree unter den Kürbis rühren. Mit 1½ TL Salz abschmecken. Evtl. noch etwas Wasser unterrühren.

4 Das Öl in einer kleinen Pfanne erhitzen. Die Senfsamen und die Chilischoten darin anbraten, bis sie anfangen zu springen. Samt Öl auf das Sambhar geben.

TIPP Für die Sambhar-Masala-Mischung in einer Pfanne ohne Fett nacheinander 3 TL Koriandersamen, 2 TL Kreuzkümmelsamen, ½ TL schwarze Pfefferkörner, 1 TL Bockshornkleesamen und je 1 TL Channa Dal (Kichererbsen) und Urad Dal (Urdbohnen) anrösten und herausnehmen. Alles im Blitzhacker fein mahlen. 1 TL Chilipulver und 1 TL Kurkumapulver untermischen. Hält sich mindestens 6 Monate.

EXOTISCHE ZUTATEN

Viele Currybasics bekommen Sie in jedem gut sortierten Supermarkt. Preiswerter, frischer und in größerer Auswahl gibt es sie aber in Asialäden oder bei Online-Shops.

CHAAT MASALA
Die säuerlich-salzige indische Würzmischung mit Mangopulver, Kreuzkümmel, Ajowan, Pfeffer, Chilipulver und Steinsalz wird zum Verfeinern von Salaten, Raitas oder Obst verwendet.

CURRYBLÄTTER
Sie werden bei uns meist getrocknet angeboten und lassen sich im Ganzen mitkochen oder, zwischen den Fingern oder im Blitzhacker zerbröselt, Gewürzmischungen zufügen. Ihr feines Aroma passt besonders gut zu Fischgerichten. Wenn Sie frische Blätter bekommen: sie sind

intensiver und lassen sich gut auf Vorrat einfrieren.

FISCHSAUCE
Die salzige braune Flüssigkeit wird aus eingesalzenem Fisch hergestellt und vor allem in Thailand als Würzzutat verwendet. Sie hat ein ganz eigenes Aroma. Ersatzweise können Sie helle, leichte Sojasauce verwenden oder mit Salz abschmecken.

GALGANT
Sieht ähnlich aus wie Ingwer und hat einen erdigen, warmen Geschmack, der besonders in thailändischen und indonesischen Currys geschätzt wird. Ersatzweise können Sie Ingwer verwenden.

GARAM MASALA
Eine indische Gewürzmischung aus wärmenden dunklen Gewürzen wie Nelken, Pfeffer, Kreuzkümmel, Zimt und Muskat. Im Gegensatz zu Currypulver enthält sie kein Kurkuma. Garam Masala wird meist am Ende der Garzeit zugefügt.

Kaffirlimettenblätter

GARNELENPASTE
Die intensiv riechende Paste, auch Trassi genannt, aus fermentierten Garnelen wird in Südostasien als natürlicher Geschmacksverstärker verwendet. Ersatzweise können Sie in Salz eingelegte Anchovis zerkleinern.

GHEE
Die geklärte Butter ist eine typisch indische Zutat. Da beim Klären das Milcheiweiß abgetrennt wird, lässt es sich wie Öl hoch erhitzen. Es hat ein leicht nussiges Butteraroma, das vielen Currys den letzten Schliff gibt. Statt Ghee können Sie auch Butterschmalz verwenden.

Curryblätter

Tamarinde

KAFFIRLIMETTENBLÄTTER

Die festen dunklen Blätter haben ein intensives Zitrusaroma, das sich nur schwer duch andere Gewürze ersetzen lässt. Die Blätter werden im Ganzen oder in feine Streifen geschnitten mitgekocht. Ganze Blätter mit einer Schere mehrmal einschneiden, vor dem Kleinschneiden die feste Blattrippe entfernen.

KOKOSMILCH

Die aus zerriebenem und eingeweichtem Kokosfruchtfleisch gewonnene Flüssigkeit gibt es mit unterschiedlichem Fettgehalt in Dosen oder Tetra Paks zu kaufen. Der fettreiche Teil setzt sich in den Dosen oben ab und wird bei thailändischen Gerichten oft statt Öl zum Anbraten der Currypaste verwendet. Brauchen Sie diese Creme, sollten Sie die Dose nicht schütteln oder vor dem Öffnen einige Zeit kalt stellen. Benötigen Sie den ganzen Inhalt der Dose, alles vorher schütteln. Zu cremige, fettreiche Milch können Sie mit etwas Wasser verdünnen. Kokosmilch hält sich geöffnet etwa 2 Tage im Kühlschrank, lässt sich aber gut für 3 Monate einfrieren.

PALMZUCKER

Der aus dem süßen Saft von Palmen gewonnene bräunliche Zucker wird vor allem in Indonesien und Thailand verwendet und hat einen karamelligen Geschmack. Er wird oft in Blöcken verkauft, von denen man sich die gewünschte Menge abreibt. Wird der Zucker nur aus dem Saft von Kokospalmen gewonnen, heißt er Kokosblütenzucker. Ein guter Ersatz ist brauner Rohrzucker.

PANCH PHORON

Diese typisch bengalische Gewürzmischung besteht aus fünf ganzen Gewürzen in gleichen Teilen: Kreuzkümmelsamen, braune Senfsamen, Fenchelsamen, Bockshornkleesamen und Schwarzkümmelsamen.

TAMARINDE

Die schotenförmigen braunen Früchte haben ein säuerliches Aroma. Sie werden zu Blöcken gepresst verkauft und als Paste verwendet. Zum Herstellen der Paste ein Stück Tamarinde vom Block abnehmen, in etwas heißem Wasser einweichen und anschließend durch ein Sieb streichen. Die aufgefangene dickflüssige Paste wird verwendet.

THAI-BASILIKUM

Es wird meist im Ganzen in Thai-Currys mitgekocht und hat, anders als italienisches Basilikum, ein süßliches, leicht lakritzartiges Aroma. Übriges Basilikum können Sie gut einfrieren.

ZITRONENGRAS

Die harten Stängel mit zitronig-frischem Aroma werden häufig im Ganzen mitgekocht. Dann das verdickte Ende mit einem Mörserstößel zerdrücken, damit es mehr Aroma abgibt. Soll Zitronengras für Würzpasten püriert werden, die harten äußeren Schichten entfernen und nur den inneren Teil fein schneiden.

Thai-Basilikum

REGISTER

Damit Sie Rezepte mit bestimmten Zutaten noch schneller finden, sind in diesem Register auch beliebte Zutaten wie **Lamm** oder **Spinat** alphabetisch eingeordnet und hervorgehoben. Darunter finden Sie das Rezept Ihrer Wahl. Vegetarische Rezepte und vegane Rezepte, die im Buch mit einem 🌿 gekennzeichnet sind, sind hier grün abgesetzt.

© 2016 GRÄFE UND UNZER
VERLAG GmbH, München
Alle Rechte vorbehalten. Nach-
druck, auch auszugsweise, sowie
die Verbreitung durch Film, Funk,
Fernsehen und Internet, durch
fotomechanische Wiedergabe,
Tonträger und Datenverarbei-
tungssysteme jeglicher Art nur
mit schriftlicher Genehmigung
des Verlages.

Projektleitung: Monika Greiner
Lektorat: Margarethe Brunner
Korrektorat: Waltraud Schmidt
**Innen- und Umschlaggestal-
tung:** independent Medien-
Design, Horst Moser, München
Herstellung: Mendy Jost
Satz: Kösel, Krugzell
Reproduktion: medienprinzen
GmbH, München
Druck und Bindung:
Schreckhase, Spangenberg
Printed in Germany
Syndication:
www.seasons.agency. Ein Unter-
nehmensbereich der StockFood
GmbH, Tumblingerstr. 32, 80337
München, Tel: 089-7472020

01. Auflage 2016
ISBN 978-3-8338-5327-2

Ein Unternehmen der
GANSKE VERLAGSGRUPPE

Die Autorin

Inga Pfannebecker ist Diplom-
Oecotrophologin und war als
Food-Redakteurin bei namhaften
Zeitschriften tätig. Seit 2012 lebt
sie in Amsterdam. Ihre Spezialität
sind Rezepte, in denen sich guter
Geschmack und Alltagstauglich-
keit perfekt ergänzen. Mit den
farbenfrohen Currys holt sie sich
die ganze Welt in ihre Küche.

Die Fotografin

Jana Liebenstein lebt und arbei-
tet in Melbourne. Ihr Schwer-
punkt liegt im Bereich Food, aber
auch für People und Travel hat
sie ein geschultes Auge. Ein gro-
ßes Dankeschön geht an **Su-
zanne Tipton** und an **Lisa
La Barbera** (Foodstyling).

Bildnachweis

Autorenfoto: Maud Fontein, Amsterdam; Titelfoto: Wolfgang
Schardt, Hamburg; alle anderen
Fotos: Jana Liebenstein, Melbourne (Australien)

Titelrezept

Rotes Thai-Garnelencurry (S. 28)

Umwelthinweis:

Dieses Buch ist auf PEFC-zertifi-
ziertem Papier aus nachhaltiger
Waldwirtschaft gedruckt.

 www.facebook.com/gu.verlag

Liebe Leserin, lieber Leser,

haben wir Ihre Erwartungen erfüllt?
Sind Sie mit diesem Buch zufrieden? Haben Sie weitere Fragen zu
diesem Thema? Wir freuen uns auf
Ihre Rückmeldung, auf Lob, Kritik
und Anregungen, damit wir für Sie
immer besser werden können.

GRÄFE UND UNZER Verlag
Leserservice
Postfach 86 03 13
81630 München
E-Mail:
leserservice@graefe-und-unzer.de

Telefon: 00800 / 72 37 33 33*
Telefax: 00800 / 50 12 05 44*
Mo–Do: 9.00 – 17.00 Uhr
Fr: 9.00 – 16.00 Uhr
(gebührenfrei in D, A, CH)*

Ihr GRÄFE UND UNZER Verlag
Der erste Ratgeberverlag – seit 1722.

Backofenhinweis:
Die Backzeiten können je nach Herd
variieren. Die Temperaturangaben
in unseren Rezepten beziehen sich
auf das Backen im Elektroherd mit
Ober- und Unterhitze und können
bei Gasherden oder Backen mit Um-
luft abweichen. Details entnehmen
Sie bitte Ihrer Gebrauchsanweisung.